La vita
delle donne

MICHELA ARANCINO

Codice ISBN: 9798354657384

DEDICA

*Questo libro è dedicato alle donne di tutto il mondo.
A quelle che lottano per essere libere anche nei diritti fondamentali, a quelle che sono delle sopravvissute, a quelle che sono davvero libere. Questo libro è per tutte noi.*

RINGRAZIAMENTI

A chi mi sta sempre accanto e mi supporta. A un partner straordinario che ha capito il valore del femminismo. A delle amiche speciali con cui lotto ogni giorno.

PREFAZIONE

Ho avuto l'idea di scrivere questo libro perché ho pensato a quanto potesse essere difficile far capire cosa passiamo noi donne. Ogni giorno, ogni santissimo giorno leggo storie di ragazze e donne che subiscono le più svariate violenze. Le cronache sono piene di storie di donne che hanno passato e passano l'inferno senza vedersi riconosciuto quello che uno è status ormai da troppo tempo: di essere vittime di una cultura già troppo radicata nel nostro paese. La verità è che ci vuole un pugno nello stomaco, emotivamente parlando, per poter far capire a tutti cosa noi passiamo ogni giorno.

È una lotta continua. È una guerra infinita che non va da nessuna parte. Cerchiamo di far comprendere che certi comportamenti contro di noi sono sbagliati. Negli anni cinquanta si credeva che la donna dovesse essere una moglie e madre perfetta, che le sue uniche preoccupazioni dovessero essere i figli, la casa e non disturbare il marito quando rientrava dal lavoro. Credete che sia davvero cambiato qualcosa da quei momenti? Credete davvero che la condizione femminile sia migliorata così tanto? No.

Ancora oggi le donne vengono etichettate come uteri e non esseri umani, come se la procreazione fosse esclusivamente competenza nostra. Voglio dire: dovremmo essere libere ma in realtà non lo siamo. Ogni giorno veniamo trattate come oggetti, come cose senza anima. Ogni giorno c'è una persona nuova, che sia essa uomo o donna non importa, che ci dice come dobbiamo comportarci, come dobbiamo vestirci, come dobbiamo gestire il nostro futuro e il nostro corpo. E, come se non bastasse, subiamo violenze di ogni tipo.

Queste violenze sono riprovevoli e segnano l'anima di una donna in un modo così profondo da lasciare un solco così grande da non essere mai più riempito. Ho cercato di raccogliere più testimonianze possibili. Lo stigma contro le donne che subiscono violenza nel nostro paese è ancora grande però stiamo cercando di dare una svolta. Io ho subito la mia prima molestia che avevo undici anni. Secondo la controparte (che era un ragazzo di diciannove anni) la mia colpa era quella di avere un seno troppo prosperoso per quell'età. Ai suoi occhi non sembravo una bambina ma una donna. E oggi, da donna di quasi quarant'anni, mi domando se può essere una giustificazione.

È giusto che un uomo creda che la donna debba essere a sua disposizione? È giusto credere che noi donne possiamo essere guardate, toccate a seconda del gusto del maschio? Perché pensiamo ancora che le donne debbano essere a uso e consumo degli uomini? Io non ho risposte da darvi, voglio però farvi riflettere perché noi donne siamo uguali agli uomini, siamo esseri umani senzienti e con dei sentimenti, con una forza di volontà che viene stroncata da queste violenze.

Sono così stanca di leggere di femminicidi. Sono stanca di leggere commenti pubblici di donne che delegittimano le violenze contro le altre donne. Sono stanca che le donne non vengano credute. Sono stufa che la società patriarcale e il maschilismo siano ancora la parte dominante di una società che nell'inclusione della donna, che nella sua liberazione avrebbe solo da guadagnare. Mi hanno scritto tantissime donne, ragazze più o meno giovani ma credo che questo non abbia importanza. Ho letto le storie più disparate e tutte sono accomunate da una cosa: la paura. È un sentimento che continua a vivere prepotentemente dentro di noi per tutta la vita.

Iniziamo a subire la sessualizzazione del nostro corpo che siamo appena bambine. La nostra vita è un continuo proteggerci da sole, perché nessuno crede che questi episodi siano davvero segnanti per noi. La maggior parte delle persone minimizza dicendoci che esageriamo, che è normale perché l'uomo è predatore. Eppure, fortunatamente, nelle nostre vite riusciamo a conoscere anche uomini che hanno rispetto di noi. Allora la domanda mi sorge spontanea e mi chiedo: perché dobbiamo giustificare una minoranza di uomini che si comporta come se fossero degli animali? Ma precisiamo che gli animali sono guidati solo da puro istinto per cui è un paragone neanche troppo azzeccato.

Ogni cosa che noi facciamo e ogni abito che noi indossiamo passa sotto la lente di ingrandimento di chiunque. Un pantaloncino troppo corto oppure un jeans strappato in un punto particolare del corpo o ancora una maglietta che viene ritenuta troppo scollata, possono essere la giustificazione di una violenza, secondo alcuni. Io invece credo che si debba smettere di giustificarla perché, come dice la parola stessa, viòla qualcuno, viòla la persona. E se condanniamo un omicidio perché cerchiamo giustificazioni ai femminicidi? Perché se ci poniamo il problema di quanto può essere grave la violenza su un uomo, e parliamo di violenza sessuale, cerchiamo allo stesso tempo giustificazioni per uno stupro contro una donna?

Ora vi porto un esempio lampante della mentalità media dell'uomo. Giorno 22 settembre, anno domini 2020 e un utente Twitter ci comunica questo:

"state qui a frignare se *(si parlava di un cantante italiano ma censuro il nome)* dice qualche barra offensiva mentre in America le donne dicono e sentono le peggio cose e si fanno gli affari loro".

Ora, che dire? Prendiamo questi uomini che ci paragonano a donne che secondo loro non protestano: a parte il fatto che non è vero, ma perché dovremmo smettere di protestare in Italia solo perché non lo fanno le americane? Perché dobbiamo conformarci al pensiero unico che la donna frigna ogni volta che si lamenta di qualcosa? Perché dobbiamo farci gli affari nostri solo perché gli uomini trovano noiose le nostre lamentele? È qui che troviamo la risposta: l'uomo ci vuole a suo uso e consumo. Cosa significa? Che noi non dobbiamo lamentarci, che noi non dobbiamo avere un pensiero nostro, che noi dobbiamo rimanere lì a subire per sempre altrimenti siamo delle rompipalle.

È da qui che nasce il pensiero che la molestia, il catcalling, le parolacce, le violenze, gli stupri siano giustificati. È da questa mentalità che parte l'idea che noi donne siamo solo oggetti.

Ovviamente ciò viene confermato anche dai dati ISTAT che sono stati impietosi, mostrandoci come questa mentalità patriarcale abbia radici ben profonde ancora in un terzo della popolazione italiana.

TESTIMONIANZE

Per quanto alcune di queste testimonianze siano pubbliche, non metterò i nomi. È una scelta che ho ponderato nel tempo perché credo che non sia importante un nome in sé, ma lo sia la continuità di ciò che leggerete.
Nota: con le x censurerò eventuali parole troppo poco carine per il testo, perché alcune testimonianze sono state date di getto e quindi con la paura si dicono cose molto forti.

1

"Una delle tante: alle medie ho frequentato un corso d'arte a scuola; un pomeriggio andai senza sapere che fosse stato rinviato e non sapendo che fare passai un po' di tempo coi bidelli. Alla fine uno di loro mi chiese di accompagnarlo a chiudere le classi. La testa di una bambina innocente non ci vide niente di male e andai. Ad ogni classe ogni volta che abbassava la tapparella mi diceva qualcosa di strano e provava ad avvicinarsi, senza successo perché subito uscivo fuori e chiudeva la porta della classe per passare a un'altra. Avevo cominciato a capire che stesse succedendo qualcosa di strano anche se non sapevo cosa perché ero piccolissima (e all'epoca i ragazzi delle medie non erano come quelli di oggi in cui già si sa tutto ecc). Cominciai ad avere paura ma non sapevo come svincolarmi; ad un certo punto ho provato a rimanere fuori dalla classe mentre lui chiudeva le finestre, ma lui mi disse "Hey che ci fai lì? Perché non vuoi starmi vicino? Vieni qui, non ti ho fatto divertire fino ad ora?" e in effetti prima con gli altri bidelli/e era stato un bel pomeriggio, mi sentii costretta ad entrare, lui aveva chiuso la tapparella, credo che poi abbia anche socchiuso la porta, mi prende e mi abbraccia in un modo che non sapevo neanche cosa fosse il viscidume, ma lo riconobbi lo stesso! Da bambina avevo ricevuto abbracci dagli adulti e non erano affatto così. Erano teneri, affettuosi. Lui in quel momento per me ha invece preso le sembianze di un mostro. Cercavo di distaccarmi ma mi teneva stretta, come se volesse sentire sul suo corpo il mio e le mie forme. Mi diceva "Ma tu mi vuoi bene? Io te ne voglio dimmi che mi vuoi bene! Ti diverti con me?" A quel punto tirai fuori una forza che non sapevo di avere, l'ho spinto, sono uscita dalla classe correndo, dalla scuola correndo, per strada fino casa sempre correndo con la paura di guardare indietro... Non lo dimenticherò mai."

Sempre la stessa ragazza…

"Vi racconto cosa mi è successo oggi. Sono uscita per una commissione che non sapevo avrebbe rubato solo 20 minuti del mio tempo, perciò, tornata a casa, mi dispiaceva struccarmi di già e quindi ho deciso di andare in giro a farmi una camminata veloce (per la corsa ci vuole troppa fatica, gna fo) per illudermi di prepararmi un minimo all'estate (ahahahah come se la Nutella stasera non mi chiamerà as always). Dopo una mezz'oretta di cammino, mi trovo a dover attraversare la strada e sono costretta a fermare il mio ritmo ("Hai rotto il ritmo dell'Imperatore!!!"... perla per pochi) per far passare una macchina. La macchina passa, dentro c'è un ragazzo, mi guarda più del dovuto e va via. Mi ha fatto piacere, se mi ha fissata per così tanto tempo significa che forse ero carina (?)... sì, lo so, magari la gente ti guarda e nel mentre pensa "ma 'sta bestia di Satana da dove esce?", ma mi piace pensare che sia sempre vera la prima opzione... concedetemi almeno questa illusione. Ebbene la macchina va in una direzione totalmente opposta alla mia, io mi avvio in una stradina dove non passa praticamente mai nessuno, essenzialmente perché è in salita e avrei bruciato di più. Chi mi vedo arrivare di fronte? LA STESSA MACCHINA DI PRIMA, che aveva fatto il giro apposta e si era andata a ficcare in questa stradina apposta per importunarmi. Mi passa di fianco, si affaccia dal finestrino ed urla qualcosa che non sento, date le cuffie, ma posso ben immaginare cosa abbia urlato. Vado avanti, il cretino si è divertito dai, non fa niente, ci siamo abituate. Proseguo sempre per questa stradina e chi mi vedo arrivare di nuovo di fronte? SEMPRE 'STO xxxxxx, che aveva fatto il giro per la seconda volta. Questa volta non mi ha raggiunta, ma si è fermato alla fine di questa stradina molto stretta e fidatevi che, se conosceste la stradina, non direste mai "ma magari si è fermato lì per un altro motivo, scendi dal piedistallo", perché là non ci sta proprio un cacchio di niente. Più o meno vicino ci sono dei palazzi, ma la stradina non c'entra proprio niente con loro. Aspetta praticamente che io lo raggiunga perché, essendo la stradina molto stretta, sarei dovuta per forza passare vicino alla macchina. Nel mentre mi maledicevo in preda al panico per aver preso 'sta cazz di stradina, ho pensato ad una via di fuga e praticamente sono salita sul marciapiede scorticandomi le gambe perché era pieno di erba alta e incolta, ho velocizzato il passo ed ho girato ad una curva (l'unica in quella stradina) appena prima della sua macchina, avvicinandomi anche di più ai palazzi, pronta a "schiaffare" un urlo potentissimo in caso di pericolo. 'Sto xxxxxxx* ha acceso la macchina e mi ha seguita, fino a che io non mi sono totalmente avvicinata ai palazzi e lui non poteva più fare l'animale senza correre pericoli, perciò è andato via. Io sono tornata subito a casa, senza neanche fare l'altra mezz'ora di camminata. Ora mi chiedo, a voi sembra normale che una donna debba subire tutto questo quasi giornalmente? Perché io vi sto raccontando l'episodio di oggi, ma nella mia vita è capitato non so neanche io quante milioni di volte e non sono affatto l'unica. Non sono affatto l'unica.

Ah e, prima di proseguire, consentitemi di dire che non sto generalizzando; alla fine non scriverò "Gli UoMiNi SoNo TuTti StRoNzi MaiAli", no. Perché di uomini perbene ne ho conosciuti ed anche tanti (esistono, raga incredibile ma vero; esistono). Mi sto rivolgendo ai maschi, che Uomini proprio non sono. Ecco, quello che vorrei che voi maschi capiate, è che non siamo un cazzo di oggetto noi donne. No, proprio no, mi dispiace deludervi eh, ma siamo persone, proprio come voi. Woooow, incredddibbbile.

In quanto PERSONE, meritiamo rispetto.

Quella che ho subito io oggi, è una molestia. Sì, esatto, proprio una molestia, non sminuitela. "Eeee ma voi donne adesso state proprio esagerando, fra un po' non potremo neanche salutarvi" quante volte ho sentito questa frase da voi maschi. E no però, cari miei, ogni volta che ci fate sentire oggetti e non persone, ci state molestando. Quando ci date fastidio con la macchina, ci fate sentire a disagio, non al sicuro, ci fate tornare a casa prima del previsto e in preda alla paura, ci state molestando. Quando ci toccate il culo senza neanche conoscerci, non ci state provando, ci state molestando. Ogni volta che vi prendete una confidenza fisica che nessuno v'ha dato, ci state molestando. Lo so che per voi grezzoni viscidoni senza cervello è difficile da capire, ma è proprio così. Prendetene atto e trattateci da donne, da vostre pari, non da animali da richiamare con un fischio, non da oggetti da toccare e possedere quando diventate Uomini, non continuate a crogiolarvi nella vostra coglionaggine, perché poi, queste "piccole" cose, portano a cose ben più gravi (e non voglio neanche aprire l'argomento).

Ora, so benissimo che chi è arrivato sino a qui non è certo un maschio, perché non c'hanno un cazzo di neurone per comportarsi decentemente, figuriamoci per leggere 'sto papirone!

Quindi mi rivolgo a voi persone normali... vi prego, educate i vostri figli al meglio. Insegnate loro ad essere uomini, non feccia. Guidateli nella crescita, insegnate loro il rispetto non solo verso le donne, ma verso tutti (perché poi questi sono gli stessi che magari sono stati dei bulli del cazzo sempre per via della loro testa completamente vuota).

Grazie."

2

"Ero in treno in un posto da due persone, stavo tonando a casa, un signore anziano mi ha chiesto se fosse libero il posto vicino a me, io ero dalla parte del finestrino, mi iniziò a parlare e chiedere cose che all'inizio erano innocue, poi mi chiese di posare per lui nuda. Ero intrappolata tra lui e il finestrino, per fortuna si avvicinò una ragazza che si finse mia amica e mi aiutò ad andarmene e scendere poi dal treno alla mia fermata. A quanto pare questo anziano lo ha fatto con molte ragazzine del posto ma nessuno lo denuncia. Ho ancora paura a prendere il treno da sola e quando lo vedo da lontano inizio a tremare nonostante siano passati quasi 2 anni."

3

"Una cosa piccola ma sempre orribile. amo andare in bici e la uso spesso, e una volta su due ci sono dei ragazzi/uomini che fischiano a me o ad altre ragazze, anche la mattina andando a scuola. mi fanno venire il vomito."

4

"Sono così tante, non saprei da dove iniziare. Dal 40enne che quando avevo 10 anni chiese a mia madre se potevo andare a giocare da lui o dormire lì al compagno di classe che a 15 anni cercava sempre di mettermi le mani addosso e mi seguiva ovunque e entrò di nascosto in casa mia… Ce n'è per tutti i gusti: dall'auto che si ferma per strada agli apprezzamenti pesanti dalle auto. Dal datore di lavoro che vuole farmi foto osé e ci molesta pesantemente ai morosi che si sentivano in diritto di pretendere sesso anche senza consenso o primi appuntamenti finiti male…"

5

"Nel 2018 mi iscrissi ad un corso di disegno, dalla prima lezione l'insegnante manifestava uno strano interesse nei miei confronti (troppo affettuoso a livello fisico), notato anche dalla mia amica. Alla terza lezione ero sola, per gioco ho fatto un test psicologico (il classico dell'albero) e a fine lezione mi avrebbe dato l'interpretazione. Mi ha chiamato in uno stanzino perché gli altri corsisti facevano casino, dopo aver interpretato il disegno stavo per uscire ma si è avvinghiato con forza a me cercando di baciarmi con insistenza al viso e scendendo al collo e poi ha spostato le mani ai fianchi. Avevo già subito delle molestie sul lavoro precedentemente non vi dico il terrore perché era anche notte. Ho avvisato la mia amica e ho lasciato il corso per messaggio. Ho ripreso anche il suo atteggiamento e il giorno successivo mi ha risposto così:

- Ciao xxxxx, ho riflettuto e devo ringraziarti per l'osservazione che non è di mia caratteristica, forse mi sono lasciato andare da una mia invenzione di simpatia… e non mi sono reso conto del mio ruolo… anzi devo ringraziarti, che gentilmente me lo hai fatto notare, naturalmente se vuoi continuare ci sarà la massima discrezione e professionalità, scusami ancora e non volermi male…"

6

"Ciao scusami, una ragazza che seguo ti ha commentata e quindi mi sono trovata in TL il tweet in cui dici di voler scrivere un libro raccogliendo tutte le testimonianze di abusi, molestie e quant'altro. Se non ti è di disturbo, vorrei contribuire anche io... Anche io scrivo (o almeno ci provo) e giusto l'altro giorno ho scritto di alcune vicende del genere che mi sono successe. La prima che ricordo è stata nel periodo delle medie, ero in giro con mia sorella che faceva le elementari. Io mi sono sviluppata in fretta e quindi sembravo tutto fuorché una dodicenne, di certo non deve essere questa una scusante. Comunque, eravamo per strada, è passato un tizio in bici che mi ha urlato "Belle tette", mi sono vergognata perché ero con mia sorella e non volevo che sentisse cose del genere. Ho avuto un ex molto problematico che per tre anni mi ha fatto bodyshaming (col senno di poi ero praticamente sottopeso), mi ha alzato le mani, allontanata da tutte le mie amiche, non scherzo se ti dico che a ripensarci penso che da quella relazione sarei potuta uscire solo dentro ad una bara. Un'altra volta sono uscita con un ragazzo che è sempre stato molto amichevole con me, quella sera invece mi ha fatta bere contro la mia volontà e poi mi ha portata a casa sua per consumare. Si è spaventato solo perché sono stata male e quindi mi ha riportata a casa. Al momento non mi viene in mente altro, scusami per la lunghezza del messaggio, non so se sia quello che cercavi..."

7

"Ti scrivo, purtroppo, perché anch'io sono stata vittima di una e più molestie. Ti racconto quella che più mi ha segnato, forse perché ero ancora "piccola"" e che ricordo più vivamente. Era l'estate del 2018, avevo 16 anni appena compiuti ed ero entusiasta di lavorare come cameriera perché era la mia prima esperienza e cercavo di mettere qualche soldo da parte per il patentino. Era una sera d'estate come tante, la sala ristorante era gremita di gente e il mio compito principale era quello di portare le bibite ai clienti. Nonostante la confusione in sala, mi accorgo che un uomo seduto ad un tavolo mi fissava insistentemente e ammiccava verso di me indicandomi per farmi vedere anche da altri sui amici seduti insieme a lui. Io per tutta la serata cerco di evitare completamente quel tavolo tanto da far portare le bibite ad un mio collega. Dopo un po', erano le 11 di sera e la sala era ormai quasi vuota, stavo mettendo a posto dei bicchieri in un mobile e ad un tratto mi sento toccare, o meglio palpare, il culo con una presa molto forte. Io mi giro di scatto facendo cadere tutti i bicchieri a terra e l'uomo scappa via fingendo di non aver fatto nulla. In sala purtroppo come personale c'ero solo io e quando il mio capo mi ha chiesto spiegazioni, nonostante fossi anche impaurita e scioccata, gli ho spiegato la situazione. Lui ovviamente non mi ha creduto e mi ha licenziata in tronco. Quando ho cercato di spiegare la situazione ai miei genitori nemmeno loro mi hanno preso seriamente e mi hanno liquidato con un "ma dai non l'avrà fatto apposta". Ora sono cresciuta e purtroppo mi sono capitati altri episodi anche "più gravi" eppure la faccia di quel viscido verme non riesco a dimenticarla, mi ha causato incubi per mesi e ad oggi ogni tanto quando ci ripenso mi viene da piangere come in questo momento. Ora, l'unica cosa che voglio dire alle persone che hanno letto la mia storia è DENUNCIATE, non abbiate paura di farlo (come invece ho fatto io), è vero che purtroppo non ci prendono sul serio come vorremmo ma non arrendetevi, non commettete il mio stesso errore. Denunciate, parlate e raccontate cosa siamo costrette a subire solo per il fatto di essere nate donne. Mi scuso per gli errori."

8

"Ciao, ho visto l'iniziativa che hai messo in atto, e vorrei ringraziarti per il messaggio che stai cercando di trasmettere e vorrei contribuire con la mia storia, è da poco che ho capito che non devo nascondere quello che mi è successo perché non sono io a dovermi vergognare o a sentirmi umiliata per qualcosa che ho subito, ma loro, ed è giusto che la gente venga sensibilizzata perché queste cose non accadono raramente e a poche persone purtroppo. Io ho capito che il mondo non fosse rose e fiori da quando avevo 8 anni, questa non so come definirla, molestia o no mi è rimasta un sacco impressa, dormivo da mio nonno, tutti nello stesso letto, io mio fratello e mio cugino di 14 anni e mio nonno, durante la notte mi sento toccare nelle bassi parti intime, era mia cugino, ti tolsi la mano più volte, avevo un senso di disgusto, schifo, mi ero irrigidita e sapevo che c'era qualcosa di sbagliato in tutto quello ma ha continuato finché non si è sentito mio nonno spostarsi e li ha smesso. Anche questa non è una molestia ma mi è rimasta dentro come un macigno, sempre tra gli 8/9 anni ero al parco giochi con la mia famiglia è una mia amica, lei si stava arrampicando e io e mio padre la stavamo guardando, ad un certo punto mi sento prendere la dietro per il collo e stringere sempre più forte non riuscivo a parlare e tiravo la manica di mio padre per attirare l'attenzione con scarsi risultati, finché non mi sono cedute le gambe e girandosi si è accorto di questo ragazzo tra i 16/18 anni che stava cercando di strozzarmi, me lo ha allontanato subito e questo è subito scappato, un'altra famiglia che era lì e ha visto la scena ci ha detto che poco prima aveva fatto la stessa cosa con la figlia di 2/3 anni, da questo episodio ho cominciato a soffrire di attacchi di panico, e mi è stata data dell'esagerata come sei poi fosse una cosa che volevo. Ha 13 anni ero da mia cugina come succedeva spesso, loro hanno una struttura alberghiera e anche mini appartamento in affitto, in uno di questi ci stava il fratello di una sua amica e aveva 21/22 anni, e lo conoscevo lo vedevo spesso, una sera era un po' brillo e ha cominciato a farmi delle avance, da sotto il tavolo mi toccava la gamba salendo fino all'inguine era un continuo toccarmi, io avevo paura di reagire, questo poi era conosciuto come un coglione, con una scusa chiede a mia cugina di andare a prendere dei giochi da tavoli, e li ha cercato di trascinarmi nel suo appartamento ma sono riuscita a andarmene e so cosa mi sarebbe successo se avessi varcato quella soglia, e qui ho un pentimento che avrò per sempre nella mia vita, nei giorni seguenti comincia a scrivermi su Facebook, che mi sarebbe piaciuto un sacco quello che mi avrebbe fatto, mi avrebbe fatto scoprire un mondo nuovo ma che ero stupida è una bambina (e si lo ero) perché secondo lui non capivo e mi minacciò di non dire niente di quello che era successo quella sera quindi consapevole di aver sbagliato, continuo a scrivermi per un po' ma lo ignoravo da mia cugina non ci andavo più finché ho scoperto che si era trasferito, l'enorme cazzata che ho fatto è stato non parlarne, sentirmi in quella ad aver sbagliato, mi sentivo viscida e non voleva che altri mi vedessero così, io avevo le prove per dimostrare quello che era successo quello che lui ha tentato di farmi potevo fare qualcosa ma sono stata zitta e questa persona continua la sua vita come se nulla fosse e sono stata così cogliona da cancellare tutto e anche Facebook.

Ho altre storie che spero possano esserti utili, mi spiace se ti sto riempiendo di questi lunghi messaggi. A 16 era la sera di capodanno, ero con 1 mia "migliore amica", eravamo in piazza a festeggiare e ci eravamo allontanare di poco per fumare e bere, e ci mettiamo a parlare con dei ragazzi, a un certo punto non so come mi sono baciata con questo di 33 anni, a un cero punto la mia amica gli fa che se ci dava le sigarette io lo avrei baciato e questo diventava sempre più insistente lei si è allontanata un attimo e questo mi ha presa per il braccio e ha cercato di trascinarmi dietro la palazzina voleva a tutti i costi un pompino, gli ho detto di no e ho cercato di andarmene e lui mi prendeva sempre più forte per impedirmi di scappare alla fine non so come sono riuscita a divincolarmi e a raggiungere la mia amica siamo corse in mezzo alla piazza dove c'era gente ma ogni volta che mi giravo me lo trovavo dietro che mi seguiva finché non è arrivato lo shuttle che ci ha portato in discoteca è stata una sera terribile non ho mai avuto così tanta paura in vita non riuscivo a liberamene e ho rischiato veramente tanto quella sera. A 17 anni io e una mia amica ci siamo fatte accompagnare a casa da 2 ragazzi conosciuto in discoteca, di cui uno guardia giurata, Totò, la mia amica sale prende il cane che dovevamo fargli fare una passeggiata, ad un certo punto ci dividiamo io con Totò e lei con l'altro, ci sediamo su una panchina a parlare finché questo pretendeva che gli facessi un pompino e io con lui non volevo fare proprio niente non mi piaceva fin dall'inizio e ha cominciato a prendermi la testa e a spingermela giù più volte per farsela fare sono riuscita a staccarmi e ad alzarmi dalla panchina e mi sono messa a raggiungere la mia amica, questo non felice si era incassato un sacco e me ne ha dette di tutti i colori.

Nel 2016 a 18 anni ero uscita con un ragazzo M. e ci siamo fatti una serata insieme e c'erano anche amici, ci siamo baciati ma da quella volta ci siamo solo sentiti e poi chiuso i rapporti (avrei dovuto farlo direttamente quando abbiamo fatto serata perché dovevo capire che era problematico, lui era andato in bagno e io lo stavo aspettando fuori e uno ha cominciato a provarci con me, neanche il tempo di rispondere e lui esce dal bagno e comincia a spingere il tipo e sono riuscita ad evitare una rissa per un pelo) poi passato qualche mese lui voleva riprovarci ad una serata organizzata dalla mia amica, ma io all'ultimo ho paccato e non ci siamo più rivisti dall'episodio in discoteca, poco dopo ho conosciuto il mio ragazzo, poi nel 2018 (dopo quasi 2 anni dalla discoteca) ho cominciato a ricevere molestie telefoniche tutti i giorni alle 6 del mattino più volte al giorno per 2 mesi ricevevo chiamate con lo sconosciuto, rispondevo e c'era silenzio dopo un po' mi sono spaventata quando andavo in giro avevo paura, mi guardavo attorno non sapevo chi fosse, allora mi sono scaricata un app per sapere chi mi chiamasse continuamente, ed era M. all'inizio non volevo dirlo al mio ragazzo perché avevo paura che avrebbe combinato casini e per fortuna poco dopo ha smesso, o così pensavo, nel 2020 durante la quarantena mi sono fatta Telegram per segnalare quei gruppi schifosi, dopo 10 minuti che me lo ero fatta M. mi ha scritto un messaggio mandandomi la foto della serata in discoteca tagliando le persone che c'erano con noi e mandandomi solo noi due, non gli ho risposto, bloccato subito sia su Telegram che su whatsapp, il giorno dopo ricomincio a ricevere chiamate con lo sconosciuto dopo più di 1 anno e mezzo che non le ricevevo, ovviamente era lui, allora l'ho detto al mio tipo che lo ha chiamato con lo sconosciuto e gli fa che se ci avesse riprovato non sarebbe finita bene, questo nega tutto ma poi stranamente sono finite le chiamate. Io qua ancora scema avrei dovuto denunciarlo e fare qualcosa molto prima, ho vissuto malissimo quei due mesi, ma purtroppo mi sono decisa tardi perché hai tempo fino a mi 3 mesi dall'ultima chiamata con lo sconosciuto per denunciarlo. Anche qua se con me ha fatto così per un bacio dato più di 4 anni fa e per tutti questi anni mi ha molestata mi chiedo con altre ragazze a cosa può spingersi. Però una mia rivincita l'ho avuto pochi giorni fa, in città ho incontrato i suoi amici e ho trascorso la serata con loro e gli ho raccontato tutto quello che lui mi ha fatto, sono rimasti sorpresi increduli, schifati che è una cosa grave quella che mi ha fatto e che gli avrebbero parlato, la chiamo rivincita perché so che per lui sarà un'umiliazione ed è il minimo di quello che si merita.

Poi ogni volta che esco ci sono i vari catcalling, commentini, clacson, gente che ti fissa come se fossi un pezzo di carne, chi si è pure permesso di toccarti il culo, vecchi di 70 anni sul bus che con la scusa del bastone che era all'altezza dell'inguine continuava a toccarmi, queste sono cose che capitano spesso e ormai non sto più zitta. Queste sono le molestie più importanti che mi hanno cambiata e segnata nella mia vita, per anni mi sono incolpata ma adesso ho la mia consapevolezza e non starò zitta, spero possano aiutare.

9

"Ciao Michela, ti racconto solo un episodio su un milione. Colloquio di lavoro, arrivo con una blusa bella larga e jeans. Arriva il tipo che doveva esaminarmi. Dopo continue frecciatine a "eh ma il test scritto è importante" (magari non me lo fai fare in corridoio in 5 minuti) noto che continua a guardarmi il petto. Nella mia testa mi chiedo se avessi in bottone aperto (spoiler no) o una macchia. Mentre lui abbassa lo sguardo controllo velocemente anche io. Nulla, la blusa è a posto e del mio seno non si vede nulla, solo la curva che la camicia prende). Continuo con le classifiche domande "ma vuoi figli?" E simili con sempre il suo sguardo puntato in mezzo al mio petto. Mi sento a disagio, sporca. Dopo l'ennesima domanda non resisto: schiocco le dita e con estrema calma spiego "la mia faccia sta venti centimetri più su". Esco sentendomi la sensazione di volere una doccia il prima possibile. Ovviamente non mi hanno assunta.

Purtroppo a una mia amica è capitato di peggio. Dove lavoravo cercavano personale. Lei cercava un impiego. Incrocio perfetto. Grazie a me fa il colloquio. Il mio superiore le inizia a fare domande scomode (ma ti piace il sesso anale? Sto pensando a come scoparti, poseresti per delle foto, nuda?) Alla sua risposta negativa, ovviamente, non l'ha assunta e per di più le ha chiesto di non dirmi niente. Scoprii poi che era recidivo (credo lo sia tutt'ora). Ho deciso di lasciare il lavoro dei miei sogni. Mi sento in colpa ogni giorno, nonostante la mia amica sia stata una roccia e non mi ha mai recriminato nulla. Spero l'azienda fallisca."

10

"Ti riporto un episodio in cui denuncio me stesso, è una confessione e mi fa male solo pensarci.

Da uomo: Anni fa, appena iniziata l'università, ho un piccolo qualcosa con una ragazza. Io però, timido e insicuro, non appena me ne rendo conto non faccio nulla e piuttosto "scappo" da tutte le potenziali situazioni "stressanti". Poco dopo, partecipando a un corso, facciamo tutti un'uscita insieme di 2 giorni, tipo gita del liceo. In questa occasione beviamo tutti oltre misura e passiamo la serata a divertirci, tra i tanti c'è questa ragazza. Iniziamo a cena, poi in giro per il paese fino a tardi e infine ancora in stanza dove alloggiavamo. Fatte le ore piccole finiamo nello stesso letto e ci sdraiamo accanto per dormire. Qui, ubriaco com'ero e "idiota" com'ero, divento insistente con lei, cerco un contatto: appoggiare la testa... Tenerla con il braccio... Lei mi allontana, io insisto ancora, mi respinge ancora e io insisto ancora... Qui lei si alza di scatto e se ne va dalla stanza, io rimango lì. Provo vergogna e sconforto tutte le volte che ci penso e so che sarà così sempre. Allo stesso tempo, provo immensa gratitudine verso questa ragazza per non avermi mai "esposto", probabilmente dopo aver parlato con una mia cara amica che deve avermi... "capito" leggendo l'episodio e me nel verso giusto, come la persona patetica che ero ma non pericolosa. Con questa ragazza ho poi continuato ad avere contatti per tutti gli anni di studio e ancora oggi ci vediamo occasionalmente nel piccolo gruppo degli amici dell'università."

11

"Avevo 15 anni, ero sul pullman e un uomo si è letteralmente messo su di me e si è fatto una sega e io non riuscivo a muovermi ero paralizzata"

12

Questo è il thread di una ragazza che racconta più esperienze.

"Quando a 16 anni ero con la mia amica e due uomini da una macchina hanno iniziato a fischiarci dietro continuando a seguirci lungo tutta la via a suon di "ciao bellissime" e poi hanno accostato chiedendoci di salire con loro ci siamo spaventate a morte e no non eravamo prevenute poi c'è stata la volta in cui ero da sola al centro commerciale e un tizio mi ha seguita per più di un'ora facendo catcalling finché dentro ad un negozio di vestiti mentre ero piegata a prendere una maglietta mi ha toccata, anche lì non ero prevenuta ma mi sono spaventata poi c'era il tizio che durante il quarto anno di superiori mi aspettava fuori da scuola tutti i venerdì per dirmi che gli piacevo e mi seguiva fino in stazione chiamandomi con ogni appellativo possibile, sarò stata prevenuta ma non ho potuto prendere il pullman per un anno anche il vecchio che ha seguito me e la mia compagna di stage durante la pausa pranzo e si è masturbato davanti a noi o il tizio che in una via a Genova voleva farmi sentire quanto lo eccitassi erano reali e non il frutto della nostra paranoia e potrei andare avanti ancora per ore con tutte le cose successe da quando ho memoria quindi per favore evitate di dirmi che noi donne siamo paranoiche e prevenute o che è il femminismo a spaventarci perché siete ridicoli, vi basterebbe iniziare ad ascoltare le donne per capire."

13

"Il primo episodio è molto serio. Fin da piccola dei membri della mia famiglia mi hanno distrutta psicologicamente perché per loro dovevo sempre essere la migliore in tutto, altrimenti ero una fallita. Le stesse persone mi hanno sempre messo contro chi volevo bene e sono andati giù pesanti coi commenti sul fisico. Io ero solo una bambina, troppo buona, troppo sognatrice come ogni bambino è, e andavo alle elementari. Uno di questi aveva incominciato a picchiarmi e psicologicamente dirmi che ero stupida, cretina, che non valevo assolutamente niente. Quando volevo riferirlo a mia mamma, mi veniva detto che ero cattiva e meritavo il peggio (mi scuso in anticipo per i verbi ma ancora mi scuote). Non ho mai detto niente a nessuno ma ancora ne risento fortemente, delle botte, delle parole, l'odio che provo. Diciamo ho subito abusi psicologici e su un bambino ha effetti devastanti. Ciò però è successo solo con me femmina, non con mio fratello o cugini maschi. Meglio così, però ecco, se è successo a me, immagino succeda a molte altre bambine e ragazze. Questo, in brevis, l'episodio che detesto ma almeno sto provando a lottare perché fortunatamente ho chi mi vuole bene e mi ha dato una mano. Un altro episodio è stato alle medie. Il mio professore di musica mi faceva troppi complimenti riguardo l'aspetto fisico e io mai detto niente perché mi vergognavo. Da lì è iniziato il calvario, non mi ha mai toccata ma anche a parole e con gli sguardi ti senti sporca. L'altro, recente, è successo in stazione mentre aspettavo il treno. Ero salita e il treno ancora doveva partire. Un uomo a terra mi guarda, si apre la bottega e lo sventola. Io però mandato a quel paese e gli ho urlato (ovviamente aprendo il finestrino) che lo avrei denunciato perché so che lavorava lì e sempre nello stesso treno mi è capitato un uomo che si masturbava allegramente.

Magari sono episodi da poco, però mi hanno fatto veramente vomitare. Non posso raccontarli tutti perché avrei un poema. Adesso ho 24 anni. Io odio profondamente questa gente. Troppa. Ringrazio però che adesso ho la forza di reagire e aiutare le ragazze a cui succede, a prendere provvedimenti seri. E soprattutto di non stare zitta come me perché è peggio."

14

"Una delle esperienze più brutte è stata con un mio compagno di classe. Avevo 13 anni. Questa situazione è durata per circa 3 anni. Mi tormentava di continuo. Sembrava mi avesse preso di mira. Era un tipo strano, non proprio ben visto dagli altri compagni. Non perdeva occasione per mettermi le mani addosso e cercare di toccarmi. Più lo respingevo e più ci provava. Mi seguiva spesso da scuola fino a casa. Una volta, i miei erano fuori, dopo scuola me lo ritrovo dentro casa. Si era arrampicato ed è entrato dal balcone al secondo piano. Quando lo respingevo si arrabbiava e mi insultava.

Non ti dico lo spavento quando è entrato in casa. Sono scappata dalla vicina. I professori non facevano nulla. Un' altra volta durante le vacanze me lo ritrovo per strada e mi ha braccato in un angolo cercando di mettermi le mani addosso. Ho urlato e degli operai gli hanno detto di smetterla. Pare che vivesse in una casa per ragazzi con problemi famigliari. I miei non hanno fatto molto oltre a telefonare alla direttrice e lamentarsi con loro. Ero troppo piccola per prendere io la situazione in mano. Ci sarebbero anche molti altri episodi, ma questo con lui mi ha segnato abbastanza perché ero molto giovane, negli anni in cui ci si sta formando e crescendo. Cose così creano molto disagio in una ragazzina."

15

"Alle medie c'era un professore, di educazione fisica, che era sempre molto appiccicoso con tutte le ragazze dell'istituto.

Ricordo che i primi giorni mi dava fastidio l'idea di stargli accanto perché mi abbracciava, mi tirava verso di lui, e non volevo assolutamente nessun contatto con questo ultra cinquantenne.

Passati i primi mesi ha iniziato a dare pacche sui culi, a stringere forte le ragazze come se volesse sentire il loro corpo addosso al suo, faceva battute sconce e parlava apertamente di sesso con ragazzine che ricordo avere 12 anni circa.

Una volta provò a rinchiudermi in un abbraccio che io non volevo ed io mi divincolai per poi reagire male urlando ad alta voce che se allungava di nuovo le mani su di me avrei parlato con la preside.

Tutti a scuola sapevano che era così, che toccava ed era molesto anche verbalmente con le ragazzine ma NESSUNO ha mai fatto nulla.

A 14 anni ero con un'amica proprio dietro casa, passeggiavamo tranquille per il quartiere ed un signore sui 40 suonò il clacson.

Questo purtroppo succede sempre ma la cosa andò oltre il limite quando quest'uomo iniziò a fare lo stesso giro per passare e ripassare dove eravamo noi ed urlare dal finestrino frasi sessualmente esplicite.

La quarta volta ci dirigemmo verso casa, spaventate, e lui iniziò a seguirci rallentando l'auto per arrivare fino a sotto casa mia ed io ricordo di aver urlato che se non faceva marcia indietro avrei chiamato i carabinieri, il tutto tirando sassi contro l'auto.

Mio Padre uscì di casa e corse verso di me, lui ovviamente sparì. Ultima esperienza molto recente, a lavoro con mia sorella un uomo ogni sera ci aspettava sul vicolo di casa con la mano nei pantaloni intento a segarsi mentre io e lei faticavamo nello scaricare carrellati dell'indifferenziata. Una sera, stanche, portammo con noi mio padre che dopo 2 minacce lo fece rintanare in casa."

16

"Avevo 14 anni, fresca di patentino e motorino. Ogni tanto bigiavo la scuola e andavo davanti ad una chiesetta su un'altura. C'era poca gente, giusto gli abitanti e a volte il prete. Un giorno venni avvicinata da un uomo sui 40 anni, forse di più. Ricordo la sua auto, la marca e quel colore verde brillante inconfondibile. Si mise a parlarmi di diverse cose e poi, dal niente iniziò a dirmi che ero bella e che ero sensuale. Avevo 14 anni e la sensualità per me era qualcosa di astratto, la bellezza una chimera propinata da stereotipi e miti. Eppure, nonostante la mia età, continuò ed iniziai a sentirmi a disagio, ma il peggio doveva ancora arrivare. Di punto in bianco arrivò la proposta: farmi scattare foto in intimo a pagamento per un "progetto". Avevo 14 anni nel 2005, ero più ingenua delle ragazzine di adesso, non esistevano certi siti, ma soprattutto avevo 14 anni e della vita non sapevo nulla. A casa i soldi erano pochi, e quello voleva pagarmi. Non risposi né si, né no, ma ci rimuginai parecchio, tanto da confidarmi con un amico più grande di me. E questa fu la mia salvezza, poiché mi mise in allerta, mi spiegò cosa significasse, cosa volesse quello da me e le conseguenze. Capii.

Bigiai un altro giorno la scuola, tornai in quel posto e me lo trovai lì. Disse che mi aveva aspettata e sperava sarei tornata ed io dissi che non accettavo. Non la prese bene, cercò di convincermi, mi fece lusinghe e altro ma io declinai ancora e a disagio me ne andai. Da lì in poi mi ritrovavo quell'auto di quel verde brillante ovunque, vicino la scuola, al mare, in giro. E ogni tanto, quando uscivo con le amiche, lo vedevo che mi guardava. Il mio disagio cresceva esponenzialmente, temevo che mi fermasse, che me lo chiedesse ancora o semplicemente che mi seguisse fino a casa.

Andò avanti così per un po', finché un giorno, mentre ero in compagnia di quell'amico che mi mise in guardia, lo avvistai e lui mi fissava. Quando cercai di cambiare strada con una scusa stupida, il mio amico capì che qualcosa non quadrava ed in un misto di ansia e vergogna gli raccontai tutto. Devo a lui la mia totale salvezza, perché andammo in un bar, mi disse di aspettarlo al tavolino. Lui uscì senza dirmi che stava andando da quell'uomo. In seguito seppi che (edulcorando il contenuto) gli intimò di lasciarmi in pace o sarebbero stati problemi.

Non lo vidi mai più, ma ancora adesso a distanza di 16 anni, se vedo un'auto come quella mi torna il sapore del disagio che provai quel giorno di tanti anni fa. E a distanza di 16 anni ho ringraziato e ringrazio ancora il mio amico che mi ha letteralmente salvata."

"Avevo 16 anni e facevo la pendolare in treno, andata e ritorno. Un giorno, per un contrattempo, presi un treno diverso, che faceva tutte le fermate, anche quelle più piccole. Era estate, il vagone era deserto, c'eravamo solo io e un ragazzo più avanti. Mi sedetti vicino al finestrino, qualche posto dietro il ragazzo e misi le cuffiette dell'mp3. Tutto normale per due o tre fermate fino a quando ad una di esse salì un uomo che potrebbe aver avuto una settantina d'anni. Con tutto il vagone libero me lo ritrovai seduto accanto e la cosa mi scocciò parecchio, ma pazienza. Avevo già intuito che qualcosa non quadrava, ma decisi di ignorarlo. Ad un certo punto mi accorsi che parlava con me, ma avendo la musica accesa non l'avevo sentito. Misi in pausa e gli chiesi di ripetere. Ero giovane, non del tutto scema, ma ancora inesperta e mai avrei pensato che dopo un paio di convenevoli per attaccare bottone, mi sarei ritrovata uno dell'età di mia nonna che mi parlava di sesso. Mi raccontò che gli piacevano le ragazze giovani, scese nei particolari ed io imbarazzata e a disagio dovevo ascoltare. Non dissi nulla lì per lì, perché era un anziano e mi hanno sempre insegnato a portare rispetto, ma ad un certo punto visto che non smetteva rimisi le cuffie sperando che smettesse. Mi sentivo sporca ad ascoltarlo, mi dava fastidio, mi metteva a disagio. Finsi di premere play, ma non lo feci e sentii che dalle esperienze era passato alle avances. Più o meno spinte, più o meno volgari. Sempre più agitata feci per alzarmi e cambiare posto ma lui non mi fece passare e, stupidamente vergognosa, tornai a sedere. Ebbene d'improvviso dalle parole passò ai fatti e mentre cercavo di ignorarlo, quello mi mise una mano sulla coscia. Approfittando del mio choc la spostò verso l'interno e poi sempre più su. Realizzai e gli tolsi di scatto la mano, ma lui la rimise lì e si ripeté per un altro paio di volte. Avevo la nausea, avevo paura, mi faceva schifo, mi sentivo male e sporca. E lì, finalmente, grazie a tutto il mix di emozioni riuscii a reagire. Ringrazio gli anni di karate per avermi aiutata a rifilargli una gomitata bella forte nel costato. Sentì nettamente due costole cedere, forse rotte o forse incrinate, non lo so. Lui urlò, io gli spinsi via la mano e mi alzai di scatto urlando a mia volta. Il ragazzo avanti a noi tolse le cuffiette e si voltò, proprio mentre io urlavo e schizzavo in piedi. L'uomo iniziò ad insultarmi pesantemente, tenendosi il costato, ma ancora non mi permetteva di uscire dal posto. Ebbene il ragazzo si avvicinò, mi chiese cosa fosse successo e mentre quello mi appellava in ogni modo, io riuscii a balbettare qualcosa in merito all'accaduto. Forse fu il suo intuito, forse fu la mia faccia bianca come un cadavere, ma il ragazzo mi credette, capì cosa era successo. Ricordo che fosse un ragazzone e di come spinse via l'uomo verso le porte del vagone, insultando. Pochi secondi dopo entrammo in una piccola stazione e il ragazzo spintonò l'anziano fuori che ancora si reggeva il costato. Non riuscii spiccicare parola per i primi 5/10 minuti, poi, mi rilassai un po' e ringraziai il ragazzo. Ebbene mi raccontò che aveva una sorella più piccola e che purtroppo era successo anche a lei, ma lui non era lì ad aiutarla e si sentiva in colpa.

Per i mesi successivi, ogni qual volta passavo dalla stazione cui era salito e da quella in cui era sceso, ho avuto il timore di vedere il vecchio, tanto da adocchiare spasmodicamente ogni passeggero. E tutt'ora se mi capita di prendere il treno e passare di lì, ricordo ancora le sue dita sulla mia pelle, sulla mia coscia e le sue costole che cedevano."

CONCLUSIONI

Ci sono talmente tante cose da dire che non so nemmeno da dove iniziare. Queste sono tutte testimonianze di ragazze molto giovani, che dovrebbero vivere la sessualità come una gioia e affacciarsi alla vita con serenità nelle relazioni. Ma questo per noi donne, molto spesso, non è possibile. Ogni giorno ci vestiamo pensando quanto un determinato abbigliamento possa attrarre o meno attenzioni indesiderate. I dati ISTAT usciti nel dicembre 2019 ci hanno prospettato un quadro allarmante su quanto il maschilismo e tutto ciò che ne consegue, sia radicato nella mentalità persino dei più giovani. L'obiezione che spesso viene fatta dagli uomini è che non è giusto generalizzare. La verità è che non esiste generalizzazione quando un fenomeno sociale è così esteso. È ovvio che non tutti gli uomini sono potenziali molestatori ma è anche vero che molti giustificano le violenze dicendo frasi che noi ben conosciamo come *"se l'è cercata"*, *"aveva il vestito troppo corto"*, *"ma lei perché è uscita con lui?"* etc. Mi fermo qui perché, altrimenti, sarebbe una lista infinita. Persino quando riceviamo catcalling e ci ribelliamo, ci dicono che siamo esagerate. Allora mi domando: quand'è che noi donne potremmo disporre davvero liberamente del nostro corpo, senza dover rendere conto a qualcuno o senza essere giudicate o molestate?

Persino nella gravidanza, ritenuta da molti un passaggio sacro, possiamo decidere del nostro corpo. Spesso i medici, giusto per fare un esempio, decidono se fare o meno l'epidurale, tenendo banco sulla sopportazione del dolore. Perché si sa, noi donne siamo nate per sostenere le sofferenze più atroci.

Ogni violenza, molestia, sopruso, abuso di potere anche medico, sono una palese violazione della libertà di scegliere cosa vogliamo per noi stesse. Potremmo toccare mille argomenti diversi e discutere da qui all'infinito ma la verità è semplice: noi donne non siamo libere. Forse è una frase forte da sentire, probabilmente molte nemmeno percepiscono il modo in cui la loro libertà viene lesa perché abituate ad accettare ciò che questa piramide sociale ci impone da sempre, però è giusto guardarsi allo specchio e ammettere ciò che è reale.

Io stessa ho fatto un lungo percorso di auto accettazione, perché non capivo dove potesse essere il problema. Capire e accettare ciò che mi circonda con una nuova consapevolezza, è stata una rinascita. Dolorosa, perché le dinamiche in gioco sono difficili da accettare. **Però io voglio fare un invito, vorrei che la voce delle donne venisse ascoltata.** Se una donna vi dice di no, non prendete per buono che no vuol dire sì, perché è certo che un no resta un no. E qui parliamo proprio delle basi del consenso. Mentre sto scrivendo mi rendo conto che vorrei aprire così tanti discorsi che il libro diventerebbe di duemila pagine. Ma ciò su cui mi voglio concentrare sono queste ragazze, così giovani, che subiscono la violazione della loro sessualità e della loro libertà già così presto. Creando paure e traumi nel loro futuro. Io spero che queste storie vi restino attaccate addosso e che vi portino a riflettere.

Grazie a tutte coloro che hanno avuto il coraggio di esporsi.